KB126185

Đây là quyển sách mà mẹ _____ và

_____ yêu dấu cùng xem.

Từ điển cảm xúc của A-ri phần Tiếng Việt

Mẹ ơi, cho con thấy tấm lòng của mẹ đi

2020년 10월 1일 1판 1쇄 발행

글 최다연   번역 안승희
교정 양계성   오디오 안승희   편집 디자인 최형준
인쇄 (주)대신인쇄

출판사 (주)아시안허브   발행인 최진희   등록 제2014-3호(2014년 1월 13일)
주소 서울특별시 관악구 신림동 1546-5   전화 070-8676-3028   팩스 070-7500-3350
홈페이지 http://asianhub.kr

값 18,000원   ISBN 979-11-6620-018-2 (04730) / 979-11-6620-017-5 (세트)

이 도서의 국립중앙도서관 출판예정도서목록(CIP)은 서지정보유통지원시스템 홈페이지(http://seoji.nl.go.kr)와
국가자료공동목록시스템(http://www.nl.go.kr/kolisnet)에서 이용하실 수 있습니다. (CIP제어번호 : CIP2020037993)

"이 도서는 중소벤처기업부와 소상공인시장진흥공단에서 추진, 전담하고 서울인쇄정보산업협동조합에서 운영한
「서울을지로인쇄소공인특화지원센터의 우수출판 콘텐츠 제작 지원사업」에서 지원받아 제작되었습니다."

아리의 감정교감사전 **베트남 편**

Từ điển cảm xúc của A-ri **phần Tiếng Việt**

엄마,
마음을 보여줘

차 례 Mục lục

Chapter 2

Chapter 3

다문화가정 엄마와 자녀 간의 소통,
말이 안 통해서 대화단절 상태라고요?

아시안허브에서는 많은 다문화가정 엄마들을 만나면서 자녀양육에서 경험하는 의사소통의 어려움을 공유하고, 해결 방안을 같이 모색하고자 감정 카드, 감정 사전을 준비하게 되었습니다.

다문화가정 엄마가 경험한 자녀양육에 관한 범주로는 양육 환경, 주양육자의 역할 혼동, 자녀양육에 대한 가치관의 갈등, 그 외 자녀와의 관계 형성의 어려움을 들었습니다.

자녀와의 의사소통과 관련된 범주로는 자녀와의 갈등, 자녀와 의사소통의 어려움, 자녀와의 원만한 의사소통을 위한 노력, 그리고 자녀교육과 자녀와의 원만한 의사소통을 위한 지원에 대한 요구가 나타났습니다.

많은 다문화가정의 엄마들은 출산 이후 자녀를 양육하는 데 있어서 적잖은 어려움을 가지고 있습니다. 엄마 자신이 자녀의 주 양육자임에도 불구하고 자녀의 성장과정을 잘 모르거나 이로 인하여 부모 역할에 대한 죄책감을 갖게 됩니다. 또한 다문화가정의 어머니들이 자녀양육과 관련한 여러 가지 갈등 중에서 가장 어려워하고 있는 것은 자신의 언어적 장벽으로 인하여 자녀와 원만한 의사소통을 할 수 없다는 것이었습니다. 따라서 인터뷰에 참여한 다문화가정의 어머니들은 지역사회에서 다문화가정의 구성원들을 대상으로 다문화교육을 시행할 때, 획일적인 교육 내용이나 방법이 아닌 다문화가정의 특성과 요구에 맞는 교육과 지원이 제공될 수 있기를 기대했습니다.

올바른 인격 및 감성의 형성은 가정교육에서 출발합니다. 아이들은 가정에서 기초적인 것부터 배우고 익힙니다. 인사하는 일, 옷을 입고 벗는 일, 규칙적으로 잠자고 일어나는 일, 음식을 골고루 먹는 일, 각종 용품을 정리 정돈하는 일 등 일상생활을 하는 데 꼭 필요한 습관이 모두 가정에서부터 이루어집니다. 프로이트 같은 심리학자들은 사람의 성격이 대부분 5세 이전에 형성된다고 주장했습니다. 이 시기를 전후해 성격의 기초가 형성되며, 그 후로는 재학습에 불과하다는 것입니다. 성격뿐 아니라 정서의 풍부함이나 빈약함, 학습능력의 많고 적음도 결국은 인간의 초기 경험이 상당 부분 결정한다는 의미입니다.

자녀가 유치원이나 초등학교에 입학하면 부모의 할일은 더 늘어납니다. 작은 것도 대화하고 의논하며 자녀의 의견을 물어보는 부모는 자녀와의 관계도 원만합니다. 그럴 때 아이는 힘든 사회생활을 경험하고 있기에 가정을 행복한 천국으로 느낄 수밖에 없습니다. 시간 여유가 있을 때마다 아이 손을 잡고 여러 체험활동도 함께 다녀야 합니다. 다니면서 아이들과 다양한 대화도 하고 즐겁게 사진도 찍다 보면 자연스럽게 교감을 느낄 수 있습니다.

　아무래도 가정은 신뢰, 정직, 책임감 같은 미덕을 가르치고 배우는, 인성의 가장 근원적 요람입니다. 가정은 사랑을 주고받는 기초 능력과 관계의 기술을 학습하는 곳입니다. 올바르게 사회생활을 할 수 있는 인간이 되려면 이 가정이라는 울타리 안에서 제대로 된 훈련을 받아야 합니다. 그리고 아이들은 가정에서 부모의 언행을 모방합니다. 어린이는 가정에서 말을 배우고 인간관계를 배웁니다. 그러므로 가정은 어린이들에게 최초의 학교인 셈이죠.

　한 번 가만히 생각해보세요. 자녀들과 대화할 때 큰 소리로 화를 내지는 않았는지, 남과 비교하며 구박하고 꾸짖진 않았는지 무심결에 내뱉는 자신의 언어 습관부터 스스로 점검해야 합니다. 또는 급한 마음에 아이가 잘 모르는 엄마나라 언어로 혼자 말하지는 않았는지요? 부모로서 내가 아이들에게 미친 부정적 영향이 무엇이었는지 성찰하고 개선해야 자녀의 상태도 변화됩니다. 자연스럽게 학교에서 겪었던 일을 털어놓고 재잘재잘 이야기하는 아이가 건강한 아이입니다.

어떻게 해야 자녀와 더 가깝고 친밀한 관계가 될 수 있을까? 자녀가 학교에서 일어난 일이나 같은 반 친구들과 있었던 소소한 일들을 이야기할 수 있게끔 교감의 장을 만들어줘야 합니다. 부모가 자녀와 개방적 의사소통을 하는 다문화가정 자녀들은 당연히 친구관계에서도 갈등이 적고 만족감이 높습니다. 가족들의 대화시간이 많고 학부모 역할이 긍정적인 다문화가정일수록 자녀의 자아존중감이 높아지고, 매개변수인 자아존중감이 높아질수록 학교에 잘 적응한다고 합니다. 부모와 자녀의 대화가 많고 친밀성이 높으면 자녀들도 환경적 결핍이나 역경 속에서도 돌파력과 적응력이 높아집니다.

소통은 말로만 하는 것은 아닙니다. 이 감정 카드와 감정 사전을 활용하여 엄마와 자녀가 함께 마음으로 다가서는 방법을 익히고, 점차 언어로 자연스럽게 교감을 나눌 수 있기를 바랍니다.

chapter

서로
알아보아요.
Tìm hiểu lẫn nhau.

궁금하다
curious

Tò mò

1-1

엄마의 마음이 궁금해요.

Tò mò về tấm lòng của mẹ.

엄마
mom

Mẹ

엄마,
지금 기분이
어때요?

Mẹ ơi, bây giờ tâm trạng mẹ thế nào?

감동하다
impressed

Cảm động

. . . .

너가 이렇게 물어봐 주니
엄마는 감동이야.

Mẹ rất cảm động khi con
hỏi như thế này.

기쁘다
happy

Vui

너가 학교 생활을 잘 하니까
엄마는 기뻐.

Mẹ vui vì con sinh hoạt tốt ở trường.

답답하다
frustrated

Bức xúc

내 마음을 그대로
표현하기 힘들어서 답답해.

Tôi bức xúc vì không thể hiện được
đúng tâm trạng của mình.

두렵다
afraid

Lo sợ

엄마는 사람들이
엄마를 싫어할까봐 두려워.

Mẹ lo sợ mọi người không thích mẹ.

미안하다
sorry

Xin lỗi

내가 한국어가 서툴러서
가족들에게 미안해.

Cho tôi xin lỗi gia đình vì tiếng
Hàn của tôi vụng về.

보고 싶다
miss

Nhớ

. . . .

요즘 베트남에 있는 가족들이
보고 싶어.

Dạo này tôi nhớ gia đình ở Việt Nam.

심심하다
bored

Buồn chán

엄마가 할 수 있는 일을
아직 못 찾아서 심심해.

Tôi buồn chán vì chưa tìm thấy việc
mà mẹ tôi có thể làm được.

애틋하다
affectionate

Lo âu

. . . .

요즘 만나는 사람들이 모두
애틋하게 느껴져.

Dạo này tôi cảm thấy, tất cả những
người tôi gặp đều lo âu.

어색하다
awkward

Ngượng ngùng

아직도 밖에서
낯선 사람들을 만나면 어색해.

Tôi vẫn còn ngượng ngùng khi gặp
những người lạ bên ngoài.

흐뭇하다
delighted

Mãn nguyện

. . . .

내가 지금
이렇게 생활하는 모습이 흐뭇해.

Tôi mãn nguyện với cuộc sống hiện tại.

엄마, 좋은 일이 있었어요?

Mẹ ơi, có chuyện vui à?

공감하다
empathize

Đồng cảm

· ·

오늘 내 이야기에
공감하는 사람을 만났어.

Hôm nay tôi đã gặp được người
đồng cảm với câu chuyện của tôi.

다정하다
kind

Thân thiện

. . . .

그냥 너가 다정하게 말해주니까
너무 좋아.

Chỉ vì con nói chuyện một cách
thân thiện nên mẹ rất thích.

대화하다
have a conversation with

Nói chuyện

. . . .

너랑 이렇게 대화하니
너무 좋아.

Được nói chuyện với con như thế này,
mẹ rất thích.

모임에 참여하다
participate in a meeting

Tham gia cuộc họp

오늘 학부모 모임에 참여했는데
정말 즐거웠어.

Hôm nay thật sự rất vui khi
tham gia cuộc họp phụ huynh.

안심하다
relieved

An tâm

이제 센터에서도 내가 무엇을 하든
안심하는 것 같아.

Bây giờ, tôi cũng cảm thấy an tâm hơn
khi tôi làm gì đó ở trung tâm.

여행을 가다
go on a trip

Đi du lịch

우리 주말에 가족 여행 갈 것 같아.

Có lẽ cuối tuần,
gia đình chúng ta sẽ đi du lịch.

음식을 만들다
make food

Làm thức ăn

저녁식사는 특별 메뉴로
베트남 음식을 만들었어.

Buổi ăn tối với thực đơn đặc biệt là
làm thức ăn Việt nam.

취업을 하다
get a job

xin việc

. . . .

엄마가 드디어 취업을 했어.

Cuối cùng thì mẹ cũng đã
xin được việc làm.

친구를 만나다
meet a friend

Gặp bạn

우연히 동네에서 친구를 만났어.

Tình cờ đã gặp bạn ở khu phố.

Nói tiếng Hàn

오늘 베트남 사람을 만났는데
내가 한국말로 인사를 했어.

Mẹ đã gặp người Việt Nam nhưng
đã nói chuyện bằng tiếng Hàn.

엄마,
안 좋은 일이
있으셨어요?

Mẹ ơi, đã gặp chuyện gì không vui à?

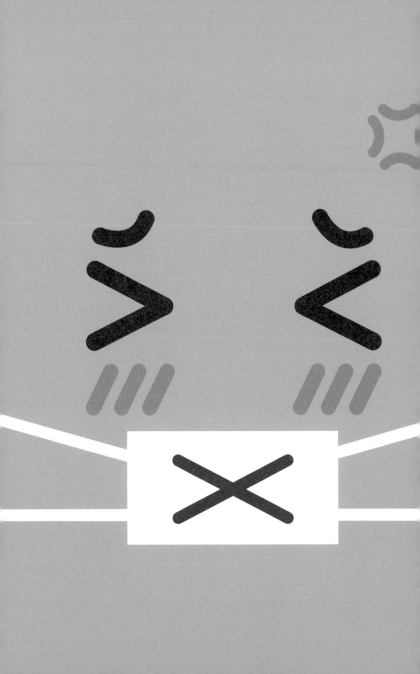

귀찮다
tiresome

Phiền phức

. . . .

혹시 사람들이 나를
귀찮아할까봐 걱정돼.

Tôi đã lo lắng, không biết có gây
phiền phức cho mọi người không.

그립다
miss

Nhớ nhung

날씨가 좋으니까
멀리 사는 친구가 그립다.

Vì thời tiết đẹp nên nhớ người bạn ở xa.

놀라다
surprised

Giạt mình

오늘 작은 교통사고를 봐서
조금 놀랐나봐.

Hôm nay có lẽ con giật mình khi
nhìn thấy một vụ va chạm xe nhẹ.

답답하다
frustrated

Bức xúc

내 의도가 정확하게
전달이 안돼서 답답해.

Tôi bức xúc vì ý định của tôi không
được truyền đạt một cách chính xác.

당황하다
embarrassed

Hoang mang

오늘 갑자기
네 담임선생님을 만나서 당황했어.

Hôm nay bất ngờ gặp giáo viên chủ
nhiệm của con nên mẹ đã hoang mang.

두렵다
afraid

E ngại

너가 엄마 아빠를
원망할까봐 두려워.

E ngại rằng con sẽ oán trách bố mẹ.

못마땅하다
unhappy

Không hài lòng

아무래도 할머니는
내 음식 솜씨가 못마땅하신가봐.

Có lẽ bà nội đã không hài lòng
với kỹ năng nấu ăn của mẹ.

무섭다
scared

Sợ hãi

나는 아직도
전산기계들을 보면 무서워.

Tôi vẫn còn sợ hãi khi nhìn
các máy điện toán.

살이 찌다
to gain weight

Tăng cân

한국 음식이 맛있어서 많이 먹었더니 살이 쪘어.

Món ăn Hàn Quốc ngon,
tôi đã ăn rất nhiều nên tăng cân.

싫다
dislike

Không thích

가끔 너에게 도움이 안 되는
내가 싫어.

Đôi khi không giúp được con nên mẹ
không thích mình.

엄마, 언제 제가 예뻐요?

Mẹ ơi, khi nào thì con đáng yêu nhất?

공부하다
study

Học tập

· ·

**열심히 공부하는 네 모습을 보면
예쁘고 대견해.**

Hình ảnh học tập chăm chỉ của con,
trông thật đáng yêu và đáng khen.

괜찮다
fine

Không sao

아이야, 노력하지 않아도 괜찮아.
넌 항상 예뻐.

Con à, không cần nỗ lực nữa cũng không sao.
Con lúc nào cũng đáng yêu.

반갑다
glad

Sung sướng

네가 나를 만나러 와줘
너무 반갑고 기뻐.

Mẹ rất vui và sung sướng khi
con đến gặp mẹ.

부지런하다
be diligent

Siêng năng

아침 일찍 일어나는
부지런한 너가 참 멋져.

Con siêng năng thức dậy sớm,
trông thật tuyệt.

상쾌하다
fresh

Sảng khoái

....

너랑 이렇게 산책하니까
상쾌하고 행복해.

Được đi dạo với con như thế này
thật sảng khoái và hạnh phúc.

Hứng thú

너가 다양한 문화에
흥미롭게 다가서니 너무 기특해.

Khi con tiếp cận một cách hứng thú
với nhiều nền văn hóa khác nhau
trông con rất đáng yêu.

엄마,
제가 무엇을
고치면 좋을까요?

Mẹ ơi, con phải sửa đổi điều gì?

게임을 하다
play a game

Chơi game

게임을 많이 하는 건 좋지 않아.
우리 시간 약속을 지켜서 하자.

Chơi game nhiều không phải là tốt.
Chúng ta hãy giữ đúng giờ đã hẹn.

괜찮다
fine

Không sao

. . . .

무조건 괜찮다고 말하지 마.
엄마는 네가 감정에 솔직한 게 좋아.

Đừng nói không sao một cách
vô điều kiện. Mẹ thích con thành thật
với cảm xúc của mình.

망설이다
hesitate

Ngần ngại

엄마, 아빠 걱정해서 망설이지 말고
네 꿈을 말하렴.

Con đừng ngần ngại vì lo lắng cho bố mẹ
mà hãy nói ước mơ của con đi.

슬프다
sad

Buồn

· ·

슬픈 일이 있으면 울어도 좋아.

Nếu có chuyện buồn thì khóc cũng được.

유튜브를 보다
watch youtube

Xem Youtube

. . . .

공부하는 데 도움이 된다고 하지만,
너무 자주 유튜브를 보는 것 같아.

Tuy học tập nhiều cũng có ích,
nhưng dường như tôi xem Youtube
quá thường xuyên.

질투하다
jealous

Ghen tị

동생에게는 질투를 하는 게 아니야.
서로 사랑해야지.

Không nên ghen tị với em,
mà phải yêu thương lẫn nhau.

편식하다
be picky about food

Kén ăn

엄마는 네가 편식하지 않고
베트남 음식도 좋아하면 좋겠어.

Theo mẹ, nếu con không kén ăn và
thích đồ ăn Việt Nam thì tốt biết mấy.

1-2

아이야,
나도 네 마음이
궁금해.

Con à, mẹ cũng tò mò về tấm lòng của con.

아이
child

Con

아이야,
오늘 하루
어땠니?

Con à, hôm nay con thấy thế nào?

걱정하다
anxious

Lo lắng

. . . .

오늘 엄마 걱정을 많이 했어요.

Hôm nay mẹ cảm thấy lo lắng
nhiều.

부끄럽다
shameful

Xấu hổ

그냥 너무 부끄러워요.

Chỉ vì là xấu hổ quá thôi.

설레다
fluttered

Bối rối

오늘 학교에서 설레는 일이 있었어요.

Hôm nay ở trường có chuyện làm con
bối rối.

섭섭하다
disappointed

Thất vọng

. . . .

친구들에게 섭섭했어요.

Con đã thất vọng các bạn.

속상하다
upset

Phiền lòng

. . . .

사실은 속상한 일이 있었어요.

Thật ra, đã có chuyện phiền lòng.

외롭다
lonely

Cô đơn

엄마, 오늘은 조금 외로워요.

Mẹ ơi, hôm nay con thấy hơi cô đơn.

창피하다
ashamed

Xấu hổ

아~, 지금은 창피해서
말할 수가 없어요.

A~ Bây giờ,
xấu hổ quá nên không nói được.

행복하다
happy

Hạnh phúc

. . . .

요즘 매일매일 행복해요.

Dạo này,
mỗi ngày con đều rất hạnh phúc.

화나다
angry

Tức giận

. . . .

쉬는 시간에 조금 화가 났어요.

Vào giờ nghỉ, con đã hơi tức giận
một chút.

후련하다
relieved

Nhẹ nhõm

시험을 마치고 오는데
참 후련했어요.

Sau khi kết thúc kỳ thi,
con thấy thật nhẹ nhõm.

아이야,
무슨 좋은 일이
있니?

Con à, có chuyện vui à?

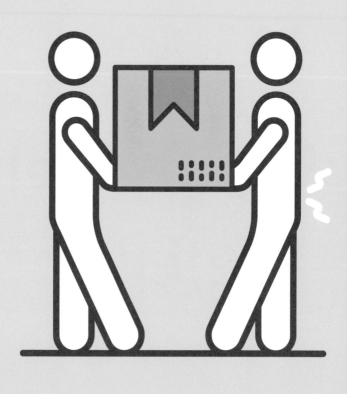

Giúp đỡ

제가 게임이 어려워서 잘 못했는데
친구가 도와줬어요.

Game khó quá, không chơi được
nên bạn đã giúp đỡ.

믿다
believe

Tin tưởng

친구들이 저를 믿고
함께 여행을 가자고 했어요.

Bạn bè tin tưởng con nên
đã rủ cùng đi du lịch.

선물을 주다
give a present

Tặng quà

. . . .

오늘 선생님이 우리 반 친구들에게 선물을 주셨어요.

Hôm nay cô giáo đã tặng quà cho các bạn trong lớp.

운동을 하다
work out

Tập thể dục

. . . .

아침에 일찍 일어나서
운동을 했어요.

Con đã dậy sớm vào buổi sáng và
đã tập thể dục.

Tự tin

이젠 외할머니랑 베트남어로
대화하는 데 자신 있어요.

Bây giờ con tự tin nói chuyện
với bà ngoại bằng tiếng Việt.

재미있다
interesting

Thú vị

요즘 집에 올 때
새로운 길로 오는 것이 재미있어요.

Dạo này khi trở về nhà trên con
đường mới, con thấy rất thú vị.

적응하다
adapt

Thích nghi

....

요즘 새로운 학교에
적응한 것 같아요.

Dạo này hình như đã thích nghi
với trường mới.

칭찬받다
receive compliment

Được khen

인사 잘한다고 옆집 할아버지에게
칭찬받았어요.

Con đã được ông nhà bên cạnh khen
là chào hỏi giỏi.

하고 싶다
want to do

Muốn

. . . .

게임이 너무 하고 싶었는데
엄마가 허락해 주었어요.

Con rất muốn chơi game,
và mẹ đã cho phép.

학교에 가다
go to school

Đến trường

학교에 가면 친구들이 많아서
즐거워요.

Khi đến trường con có
rất nhiều bạn nên rất vui.

아이야, 무슨
안 좋은 일이
있었니?

Con à, có chuyện gì không vui à?

강제로 시키다
force to do

Ép buộc

저는 음치인데 선생님이 노래를 자꾸
강제로 시켜요.

Con chơi nhạc nhưng thầy/cô thường
ép buộc con phải hát.

겁나다
worried

Sợ hãi

요즘 놀이터에
커다란 고양이가 나타나서 겁났어요.

Dạo này trông sân chơi có con mèo to
xuất hiện làm cho con sợ hãi.

긴장하다
nervous

Căng thẳng

내일 시험 때문에
자꾸 긴장하게 돼요.

Vì ngày mai phải thi nên cứ bị
căng thẳng.

내 탓을 하다
blame myself

Đổ lỗi cho tôi

동생이 넘어졌는데 사람들이
내 탓을 해요.

Em tôi bị ngã nhưng mọi người cứ
đổ lỗi cho tôi.

따돌림을 당하다
be bullied

Bị xa lánh

. . . .

아무래도 반에서 제가
따돌림을 당하는 것 같아요.

Hình như là con đang bị các
bạn trong lớp xa lánh.

못하게 하다
restrain

Không cho làm

강아지 집을 만들어주고 싶은데
할머니가 못하게 하세요.

Con muốn làm nhà cho chó con
nhưng bà không cho làm.

무섭다
scared

Sợ

새로 오신 영어 선생님이
너무 무서워요.

Con rất sợ cô giáo tiếng Anh mới đến.

친구한테 맞다
be hit by a friend

Bị bạn đánh

오늘 제 짝이
나쁜 친구한테 맞았어요.

Hôm nay, bạn thân của con
đã bị bạn xấu đánh.

포기하다
give up

Bỏ cuộc

태권도를 열심히 배우고 싶었는데 결국 포기했어요.

Con muốn học Taekwondo chăm chỉ nhưng cuối cùng con đã bỏ cuộc.

혼나다
be scolded

La mắng

집에 오는 길에
낯선 아저씨에게 혼났어요.

Trên đường về nhà,
tôi đã bị một chú lạ mặt la mắng.

chapter

2

고마워요
thankful

Cảm ơn

2-1

모두가
고마워요.

Cảm ơn tất cả.

아이야,
우리 주변에는
좋은 사람들이 많아.

Con à, xung quanh chúng ta có rất
nhiều người tốt.

학부모
parent

Phụ huynh

. . . .

오늘도 나는 학교에 가서
여러 학부모들 도움을 많이 받았어.
모두 너무 고마운 분들이셔.

Hôm nay, mẹ đến trường cũng đã
nhận được nhiều sự giúp đỡ từ những
phụ huynh khác.
Tất cả những người ấy rất tốt.

네~ 엄마,
저도 고마운
사람이 많아요.

Dạ, đúng rồi mẹ.
Con cũng có nhiều người để cảm ơn.

고향 친구
hometown friend

Bạn cùng quê

고향 친구들아,
여전히 나를 기억해줘서 고마워!

Các bạn cùng quê ơi!
cảm ơn các bạn vẫn còn nhớ đến tôi.

선생님
teacher

Thầy/Cô

. . . .

선생님,
잘 가르쳐주셔서 고맙습니다!

Thầy/Cô ơi, Cảm ơn thầy/cô đã dạy.

아빠
dad

Bố

. . . .

아빠,
언제나 저를 믿어주셔서 고맙습니다.

Bố ơi, cảm ơn bố đã luôn tin tưởng con.

엄마
mom

Mẹ

엄마, 항상 따뜻하게
안아주셔서 고맙습니다.

Mẹ ơi, cảm ơn mẹ đã luôn
ôm con vào lòng.

이웃
neighbor

Hàng xóm

··

이웃들은 항상
저를 예뻐해 주셔서 고마워요.

Cảm ơn những người hàng xóm
đã luôn yêu quý con.

친구
friend

Bạn

친구야,
내 곁에 있어 줘서 고마워!

Bạn à, cảm ơn bạn đã ở bên cạnh tôi!

친척
relatives

Họ hàng

친척들이 모두 제 언어 실력을
칭찬해 주셔서 고마워요.

Cảm ơn tất cả họ hàng đã khen
khả năng ngôn ngữ của con.

할아버지
grandfather

Ông

할아버지,
맛있는 거 사주셔서 고맙습니다.

Ông ơi, cảm ơn ông đã mua cho
đồ ăn ngon.

할머니
grandmother

Bà

· ·

할머니, 옛날이야기
많이 해주셔서 고맙습니다.

Bà ơi, cảm ơn bà đã kể nhiều
chuyện ngày xưa.

아이야,
엄마 마음은
말이야

Con à, tấm lòng của mẹ là

궁금하다
curious

Tò mò quá

. . . .

나도 네 마음이 항상 궁금해.

Mẹ cũng luôn tò mò về tấm lòng của con.

만족하다
satisfied

Mãn nguyện

. . . .

엄마는 너가 공부를 잘하든 못하든
다 만족해.

Mẹ mãn nguyện dầu con học giỏi
hay không.

뿌듯하다
proud

Hãnh diện

. . . .

너가 밥을 먹고,
잠을 자는 모습만 봐도 뿌듯해.

Chỉ cần nhìn thấy con ăn cơm và ngủ,
mẹ cũng hãnh diện.

사랑하다
love

Yêu

. . . .

아이야, 엄마는
언제 어디서나 너를 사랑해.

Con à, mẹ lúc nào cũng yêu con.

소중하다
precious

Qúy báu

너와 함께 하는 순간은 항상 소중해.

Những khoảnh khắc bên con,
lúc nào cũng quý báu.

안쓰럽다
pathetic

Áy náy

가끔 너가 혼자 있으면
엄마는 너무 안쓰러워.

Thỉnh thoảng nhìn thấy con một mình,
mẹ thật là áy náy.

안타깝다
regrettable

Đáng tiếc

. . . .

너가 엄마에게
마음을 숨기는 것 같아서 안타까워.

Thật đáng tiếc vì dường như con
đang giấu kín lòng con với mẹ.

원하다
want

Muốn

나는 너가 몸도 마음도
건강하게 자라길 원해.

Mẹ muốn con lớn lên khỏe mạnh
về thể chất lẫn tinh thần.

자랑스럽다
proud of

Tự hào

. . . .

너가 가방 매고 학교 가는 모습이
너무 자랑스러워.

Mẹ rất tự hào khi nhìn thấy con
mang cặp đi học.

좋다
nice

Thích

· ·

너가 선물로 준 건
어떤 것이든 다 좋아.

Mẹ thích tất cả các món quà mà con tặng.

chapter

3

다문화가정 엄마와 아이의 행복한 소통

Giao tiếp vui vẻ giữa mẹ và con của các gia đình đa văn hóa.

다문화가정 엄마와 아이의 행복한 소통

언어가 통하지 않더라도,
서로의 감정을 전달할 수 있는 방법!

 ## 서로의 감정을 살피고, 의사를 파악하는 것이 대화의 시작입니다!

여러분, 처음 아이게 엄마 품으로 왔을 때를 기억하시나요? 시간이 되면 울고 보채다 엄마가 아이의 얼굴을 바라봐 주면 눈망울을 글썽이던 모습 기억나시죠? 아이는 엄마에게 밥 달라는 신호를 보냈습니다. 그럼 엄마는 아이를 꼬옥 안아서 모유를 주거나 우유를 줬을 겁니다. 시간이 됐으니 우는 거고 우니까 젖병을 주는 기계적인 관계가 아닌 엄마와 아이의 관계, 서로 바라보면서 교감하고 따뜻한 체온을 공유하면서 서로를 느꼈던 순간이 있습니다. 아이들이 자란 지금도 마찬가지입니다. 의사소통이 안 되기에 가장 기본적인 행위만 서로 반복하는 것이 아닌 서로 얼굴을 바라보고 감정을 살피는 자세가 중요합니다.

2 서로가 서로의 사랑을 느끼는 것이 중요합니다.

의사표현이라는 것은 말을 통해서만 전달되는 것이 아닙니다. 의사소통 과정을 분석한 심리학자의 연구를 보면, 대화란 대략 10%의 말과 90%외 비언어적인 표현수단으로 구성되어 있다고 합니다. 말로써의 전달이 부족하더라도 서로의 감정을 살피다 보면 자연스럽게 사랑받고 있고 존중받고 있다고 느끼게 될 겁니다. 그럼 아이가 먼저 엄마의 언어에 관심을 갖게 될지도 모릅니다.

3 서로에 대해 말해주세요.

부모와 자녀 사이라면 서로 언어의 차이가 있더라도 전달하려는 기본 마음은 느껴집니다. 그런데 말이 안 통한다고 지레 말문을 닫아버리면 아무리 가족이라지만 회복하기 어려운 관계가 되기도 합니다. 가끔은 편하게 서로의 모국어로 자기 자신에 대해 상대방에게 전달하기도 해 보세요. 서로 다른 말을 하고 있다고 생각했지만 분위기를 보고 눈치를 보니 어느 순간 엄마는 아이를, 아이는 엄마를 이해하는 관계가 될 수 있습니다.

4 서로를 두려움의 존재로 바라보지 마세요.

우리는 부모와 자녀 사이입니다. 의식적으로 너무 잘 하려고 하지 않아도 처음부터 우리는 서로를 잘 아는 사이였습니다. 엄마는 아이를 10개월이나 엄마의 몸속에 갖고 있으면서 엄마의 모든 것을 보여줬으니까요. 가끔 자라는 아이들을 보면서 엄마가 점점 부족하게 느껴진다고 위축되는 엄마도 있습니다. 그러나 엄마가 당당하면 아이들은 모두 엄마를 사랑하고 존경합니다. 엄마는 세상 그 누구와도 비교될 수 없는 대상임을 잊지 마세요.

5 우리만의 다양한 소통 법을 만들어보세요.

남들은 식사 시간에 대화를 한다지만, 우리는 저녁에 그림을 그리면서 소통을 할 수 있고 산책을 하면서 소통을 할 수도 있습니다. 감정사전을 펼쳐놓고 기본적인 감정이지만 하나하나 서로의 언어를 가르쳐주면서 자연스럽게 마음을 열 수도 있습니다. 감정카드로 게임을 하면서 조금씩 서로를 알아갈 수도 있습니다. 대화가 서툴러서 침묵이 길어졌다면... 이젠 눈빛으로 말을 해 보세요. 그리고 서로 눈빛이 통했을 때 자연스럽게 표현해보세요. 표현의 도구가 필요하다면 이 책을 슬그머니 가져다줘도 좋습니다. 모든 게 사랑으로 싹틀 수 있습니다. 여러분은 사랑으로 시작된 관계니까요.

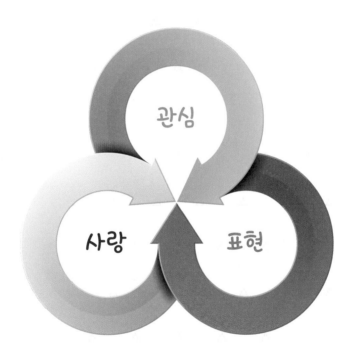

소통의 3요소

관심

사랑

표현